Mehmet

Frauke Nahrgang

Teufelskicker Junior

Schneller Konter, Schuss und Tor

Frauke Nahrjang

Schneller Konter, Schuss und Tor

mit Illustrationen von
Eleonore Gerhaher

Verlagsgruppe Random House FSC® N001967

2. Auflage 2016
© 2016 cbj Kinder- und Jugendbuchverlag
in der Verlagsgruppe Random House GmbH
Neumarkter Straße 28, 81673 München
Alle Rechte dieser Ausgabe vorbehalten
Dieser Sammelband besteht aus:
Teufelskicker Junior – Die beste Mannschaft der Welt
erstmals erschienen 2014 unter der ISBN 978-3-570-15656-8
Teufelskicker Junior – Ohne Torwart geht es nicht
erstmals erschienen 2014 unter der ISBN 978-3-570-15695-7
Teufelskicker Junior – Ein Foul mit Folgen
erstmals erschienen 2014 unter der ISBN 978-3-570-15752-7
Umschlagbild und Innenillustrationen: Eleonore Gerhaher
Umschlagkonzeption: fruehling advertising GmbH, München
jk · Herstellung: UK
Satz: dtp im Verlag, MH
Reproduktion: ReproLine mediateam, München
Druck: Grafisches Centrum Cuno GmbH & Co. KG
ISBN: 978-3-570-17310-7
Printed in Germany

www.cbj-verlag.de

Inhalt

Die beste Mannschaft der Welt

Ohne Fußball geht es nicht!

Niko und Alex sind allerbeste Freunde. Die beiden
haben nur eins im Kopf: nämlich Fußball.
Deswegen wollen sie später mal Fußballprofi wer-

den und in der Bundesliga spielen. Leider begegnen ihnen auf dem Weg dahin jede Menge Schwierigkeiten. Doch zum Glück gibt es Catrina. Vielleicht können ihre Tricks und die Teufelskicker den Jungen weiterhelfen.

Fußballer-Träume

Niko weiß genau, was er später mal werden will.
Er wird Fußballprofi. Dann spielt er in der Bundesliga und schießt ganz viele Tore. Alex will auch Fußballprofi werden. Er will immer dasselbe wie Niko.
So gehört sich das bei allerbesten Freunden.
Fußballprofis haben es gut. Die können von früh
bis spät Fußball spielen. Niko und Alex dagegen
müssen morgens zur Schule gehen, in die Klasse 2a
der Teufelsgrundschule. Die Schule heißt so, weil
sie im Teufelsgrund liegt. Der Name stört Niko und
Alex nicht. Eher, dass sie dort wertvolle Zeit mit Lesen, Schreiben und Rechnen verplempern. Und am
Nachmittag stehen lästige Hausaufgaben auf dem

Plan. Dazu tausend andere Sachen, die Eltern sich einfallen lassen, um ihren Kindern auf den Wecker zu gehen.

Aber es gibt noch ein Problem. Fußballer müssen viel trainieren. Dafür brauchen sie einen geeigneten Platz. Früher durften die Jungen in Nikos Garten kicken. Bis die große Scheibe vom Wohnzimmerfenster zu Bruch gegangen ist. Nach einem feinen Zuspiel von Alex hat Niko das Leder aus der Luft gepflückt. Vollspann und bamm! Was für ein Schuss! Aber Nikos Mutter hatte dafür gar kein Verständnis. Sie hat ein Fußballverbot für Haus und Garten verhängt. Seither müssen sich die Fußballer ständig einen neuen Ort suchen, an dem der Ball rollen kann. Und viel zu oft muss das Spiel ganz ausfallen.

Doch heute sieht es nach einem Glückstag aus. Gleich nach dem Mittagessen klingelt das Telefon.

Es ist Alex. Er sagt nur: „Beeil dich! Wir haben freie Bahn vor unserem Haus!"

„Alles klar!" Schnell schnappt Niko seinen Ball und flitzt los.

Achtung, Ordnungsfimmel!

Vor dem Haus, in dem Alex wohnt, gibt es eine Wiese. Leider toben dort oft die Knirpse aus der ganzen Siedlung herum. Die werden von ihren Mamas bewacht und man kann sie nicht vertreiben. Manchmal machen sich auch Große auf dem Rasen breit. Die hören Musik und sind oft mürrisch drauf. Dann ist es besser, sich zu verdrücken. Aber heute sind keine Störenfriede unterwegs. Es hat nämlich geregnet und die Wiese ist klatschnass. Fußballern macht das nichts aus. Die sind ja keine Weicheier. Also los!

Doch kaum hat Alex die erste Flanke geschlagen, ruft jemand seinen Namen. Es ist Vanessa, seine große Schwester. „Willst du etwa mitspielen?", fragt Alex wenig begeistert.

Vanessa tippt sich an die Stirn. „Da habe ich aber wirklich etwas Besseres vor", sagt sie hochnäsig. „Ich treffe mich nämlich mit Jasmin! Dir wollte ich nur sagen, Kleiner, dass Mama dich sucht." Mit dieser beunruhigenden Nachricht lässt sie die Jungen stehen. Etwas wacklig auf ihren hohen Absätzen trippelt sie davon.

„O nein", stöhnt Alex, und damit meint er nicht Vanessas affige Schuhe. „Bestimmt soll ich mal wieder mein Zimmer aufräumen. Lass uns lieber verduften."

Dazu hat Niko überhaupt keine Lust. „Keine Panik, Mann", sagt er. „Vielleicht will deine Mutter nur eine Kleinigkeit von dir."

Doch Alex schüttelt den Kopf. „Du kennst sie nicht. Die hat einen Ordnungsfimmel. Wenn sie mich erwischt, darf ich bis heute Abend in meiner Bude schuften."

Ach du Schreck! Das will Niko seinem Freund doch nicht zumuten. Er wirft noch einen letzten sehnsüchtigen Blick auf die Wiese. Dann laufen die Jungen los.

Aus der Traum

„Wollen wir zur Schule gehen?", schlägt Alex vor.

„Da ist jetzt bestimmt tote Hose."

Auf dem Schulhof der Teufelsgrundschule gibt es ein kleines Fußballfeld. In den Pausen herrscht dort immer Hochbetrieb. Aber jetzt jagt niemand dem Ball hinterher. Das hat leider einen Grund: Frau Scheinhard.

Sie ist die strengste Lehrerin der ganzen Schule. Fußballer kann sie überhaupt nicht leiden. Deshalb macht sie ständig Ärger. Ausgerechnet an diesem Nachmittag ist sie in der Schule. Mit ihrer Gartengruppe legt sie Blumenbeete an.

„Vor der ist man wohl niemals sicher", knurrt Niko

und lässt den Ball hinter seinem Rücken verschwinden. „Nichts wie weg hier!"

Doch Frau Scheinhard hat die Jungen schon entdeckt. Sie winkt mit ihrer Schaufel und ruft erfreut: „Wollt ihr mitmachen?"

„Äh, nein, weil ..." Niko beginnt zu stottern und Alex muss ihm zu Hilfe kommen.

„Wir haben heute leider keine Zeit", behauptet er.

„Dann vielleicht nächste Woche", sagt Frau Scheinhard.

„Äh, ja, vielleicht", brummelt Niko. Alex raunt er zu: „Da kann sie aber lange warten. Ich bin doch kein Maulwurf."

Hastig treten die Jungen den Rückzug an.

Im Holzwiesenweg gibt es einen Bolzplatz. Aber auch dort haben Niko und Alex kein Glück. Gleich mehrere Mini-Mannschaften versuchen, ihr Spiel durchzubringen, und alle trampeln sich auf den Zehen herum.

„Hier ist besetzt!" So begrüßt ein Spieler die Neuankömmlinge. „Also schiebt ab!"

„Das war's dann wohl", murmelt Niko enttäuscht.

„Was denn? Was meinst du?"

„Wir wollten doch Fußballer werden, oder?", fragt Niko.

„Klar! Profis in der Bundesliga!", sagt Alex mit Überzeugung.

„Träum weiter, Mann! Ein Fußballer muss hart trainieren. Jeden Tag! Und was machen wir?"

„Wir latschen durch die Stadt", seufzt Alex.

„Siehst du! Und davon wird man kein Profi. Deshalb kannst du die Bundesliga vergessen!"

Unter Verdacht

Enttäuscht trotten die Jungen weiter. Doch schon nach wenigen Schritten bleibt Alex stehen. Er stößt Niko an und zeigt auf eine Grasfläche. Sie gehört zu einem Haus mit mehreren Stockwerken.

Doch Niko winkt ab. „Vergiss es! Das ist ein Wäscheplatz. Und alles hängt voll."

„Aber am Rand ist noch frei", beharrt Alex. Schon läuft er los. Niko folgt ihm zögernd.

Eine Frau kommt aus dem Haus. Als sie die Jungen entdeckt, beginnt sie sofort zu zetern: „Verschwindet, aber ein bisschen plötzlich! Von euch habe ich die Nase voll. Erst vor ein paar Tagen habt ihr mir die Wäsche ganz dreckig geschossen!"

Entgeistert schauen Niko und Alex sich an. Was redet die? Die Wäsche dreckig geschossen? Dabei sind die Jungen heute zum ersten Mal in ihrem Leben hier.

Alex zuckt mit den Schultern. Aber das macht die Frau erst richtig wütend. „Tut bloß nicht so unschuldig!", schimpft sie. „Ich habe die Abdrücke von eurem blöden Ball doch genau gesehen. Und wenn ihr noch mal hier spielt, kassiere ich den ein."

„Frau Krüger, das muss eine Verwechslung sein.

Die beiden sind meine Freunde. Und meine Freunde machen so etwas nicht."

Vor der Haustür steht ein Mädchen mit feuerroten Haaren. Sie schenkt der wütenden Wäschebesitzerin ein strahlendes Lächeln. Dem kann die Frau nicht widerstehen und ihr Zorn verraucht allmählich. „Vielleicht waren das auch die Fußballer vom Bolzplatz", überlegt sie. „Tut mir leid, dass ich euch verdächtigt habe. Aber ich konnte ja nicht wissen, dass ihr Catrinas Freunde seid." Sie nickt jedem noch einmal zu, steigt in ihr Auto und fährt davon.

Endlich geht es los!

Niko tippt sich an die Stirn. „Bei der ist wohl 'ne Schraube locker", vermutet er.

Catrina kichert. „Eigentlich ist sie ganz nett. Nur bei ihrer Wäsche versteht sie keinen Spaß. Dabei wollte ich das gar nicht."

„Du warst das?", fragt Niko ungläubig.

„Ja, ich habe Freistöße geübt. Und ein paar sind leider in Frau Krügers Wäsche gelandet."

Niko schüttelt den Kopf. „Aber du bist ein Mädchen!", stellt er verwundert fest.

„Ach ja? Was du nicht sagst!"

Alex kommt seinem Freund zu Hilfe. „Mädchen spielen nicht Fußball, deshalb."

„Bist du sicher?"

„Ja!", sagt Alex mit Überzeugung. „Zum Beispiel meine Schwester. Die kann einen Ball nicht von einer Kokosnuss unterscheiden."

„Ich schon", sagt Catrina. „Passt mal auf!"

Sie nimmt Niko den Ball aus der Hand und legt ihn sich zurecht. Ein kurzer Anlauf, dann zirkelt sie das Leder über die vordere Wäscheleine mit dem Bettlaken hinweg. Im nächsten Moment schlägt es dahinter ein. In einem Hemd, vermutlich von Herrn Krüger.

„Tor!", sagt Catrina stolz.

Mit offenem Mund starren die Jungen sie an.

„Wo hast du das gelernt?", fragt Niko.

„Bei Blau-Gelb", sagt Catrina.

„Blau-Gelb? Was ist das?"

„Ihr kennt Blau-Gelb nicht? Das ist der beste Verein der Welt. Ich gehe jetzt gleich zum Training."

„Richtiges Training?"

„In einem richtigen Fußballverein?"

„Logisch, was denn sonst? Wollt ihr mit?"

„Geht das denn?", fragt Alex hoffnungsvoll.

„Klar. Unser Trainer ist richtig nett. Der freut sich bestimmt, wenn ihr kommt."

Niko fischt seinen Ball zwischen der Wäsche hervor und fragt ungeduldig: „Also, auf was warten wir noch?"

„Dass es endlich losgeht", sagt Alex.

Teufelskicker bei Blau-Gelb

Unterwegs erkundigt sich Niko: „Wieso haben wir dich in der Schule noch nie gesehen?"

„Weil ich draußen im Waldtal wohne", erklärt Catrina. „Aber wenn Training ist, bin ich am Nachmittag immer hier bei meiner Oma. Und ihr?"

„Wir gehen in die Teufelsgrundschule", sagt Alex.

„Teufelsgrundschule? Das klingt nicht übel. Also seid ihr wohl Teufelskicker." Sie überlegt einen Moment, dann sagt sie: „Teufelskicker, das hört sich cool an. So ein Name würde gut zu Blau-Gelb passen. Wetten, da kriegt jeder Gegner Schiss? Ach übrigens, wir sind da."

Die Kinder haben einen Fußballplatz erreicht. Einen

richtigen Fußballplatz, ohne strenge Lehrerinnen, Wäscheleinen oder Mütter mit Ordnungsfimmel. Dieser Platz ist ein Paradies für jeden Fußballer. Niko will am liebsten gleich losflitzen.

Ein Mann kommt auf die Gruppe zu und fragt: „Na, Catrina, wen hast du uns denn da mitgebracht?"

„Das ist Norbert, unser Trainer", stellt Catrina vor. Und an den Mann gewandt erklärt sie: „Hier sind zwei echte Teufelskicker."

Der Trainer lacht. „Teufelskicker. Soso. Dann wollen wir mal sehen, ob ihr auch teuflisch gut seid", sagt er.

Dribbeln, flanken, flitzen. Torschüsse aus allen Lagen. Dann noch ein Spiel. Kann es etwas Tolleres geben? Viel zu früh pfeift Norbert ab und das Training ist beendet.

„Was? Schon?", keucht Niko.

„Ich könnte noch stundenlang weitermachen", behauptet Alex und schnappt nach Luft.

„Das heißt, ihr wollt wiederkommen?", fragt der Trainer.

„Klar!"

„Was denn sonst?"

„Das freut mich." Norbert gibt jedem ein Formular.

„Eure Anmeldung", sagt er. „Die müsst ihr zu Hause unterschreiben lassen. Und dann: Willkommen bei Blau-Gelb, ihr Teufelskicker."

Gold wert

Auf dem Heimweg albern die Jungen ausgelassen herum. Doch plötzlich verstummt Alex. Ein Pärchen geht vor ihnen her. Das Mädchen trippelt in affigen Schuhen. Der Junge hat sich eine ganze Tube Gel ins Haar geschmiert – mindestens. Die beiden halten Händchen.

„Muss Liebe schön sein", lästert Niko.

„Aber das ist ja ...", murmelt Alex überrascht.

Es ist Vanessa. Und der Haargel-Typ sieht nicht so aus, als hieße er Jasmin.

„Einen schönen Abend wünsche ich", ruft Alex mit übertriebener Höflichkeit.

Erschrocken fährt Vanessa herum.

Zornig funkelt sie ihren Bruder an. „Wehe, du sagst ein Wort zu Mama!", droht sie.

Alex grinst. „Mal sehen", sagt er listig. „Manchmal ist Schweigen ja Gold wert."

Zu Hause angekommen versucht Alex sofort, seiner Mutter die Unterschrift abzuluchsen. Zunächst verlegt er sich aufs Betteln, dann auf Versprechungen. Er wird in Zukunft immer sein Zimmer aufräumen und überhaupt der allerbeste Sohn sein. Schließlich probiert er es mit der Beteuerung: „Niko darf auch!"

Aber auch das überzeugt seine Mutter nicht. „Ich muss noch mal darüber nachdenken", sagt sie. „In aller Ruhe!"

O Mann, das kann eine Ewigkeit dauern. Gerade überlegt Alex, ob er die Sache mit ein paar Tränen beschleunigen kann, da kommt Vanessa nach Hause.

Kaum hat sie rausgekriegt, worum es geht, zieht sie ihr Große-Schwester-Gesicht. Gleich wird sie loslegen. Dass Alex sowieso schon viel zu viel darf. Und dass Mama endlich mal viel strenger mit ihm sein müsste.

Doch diesmal ist Alex vorbereitet. Schnell fragt er: „Wie geht es eigentlich Jasmin?"

Das wirkt Wunder. Vanessa sieht aus, als müsse sie eine fette Kröte schlucken. Mühsam presst sie hervor: „Du kannst es ihm ruhig erlauben, Mama. Wenn er in diesem Verein ist, kann er sonst nichts anstellen."

Überrascht schaut Alex′ Mutter sie an. „Da hast du eigentlich recht!", sagt sie und schreibt endlich ihren Namen unter die Anmeldung. Überglücklich bringt Alex seinen Schatz in Sicherheit, ehe sie es sich noch einmal anders überlegen kann.

Unnötige Schwierigkeiten

Bei Niko läuft die Sache leider nicht so reibungslos.

Zunächst weiht er seine Mutter in seine Pläne ein.

Aber die ist davon gar nicht begeistert.

„Was? Fußballer willst du werden? Damit du noch
mehr Fensterscheiben zerschießt?", fragt sie ent-
setzt.

Niko schüttelt den Kopf. So geduldig wie möglich
erklärt er: „Richtige Fußballer schießen nicht auf
Fensterscheiben, Mama. Sie schießen auf Tore.
Und in so einem Verein da lernt man das."

Aber seine Mutter überzeugt das nicht. „Und die
Schule?", fragt sie überflüssigerweise. „Und die
Hausaufgaben?"

Niko seufzt. Schule, Schule, immer nur Schule! So ein blödes Thema. Dabei will Niko gar kein Super-Genie werden. Ein kluges Köpfchen stört beim Fußball nämlich nur. Aber das versteht seine Mutter einfach nicht.

Noch am selben Abend versucht Niko es bei seinem Vater mit einer neuen Taktik.

„Ich will ja Fußballprofi werden. Aber dazu muss ich unbedingt in einen Verein gehen. Das ist zum Glück ganz einfach." Er hält seinem Vater die Anmeldung unter die Nase und erklärt: „Du musst nur hier unterschreiben."

Doch leider macht auch der Vater die Sache unnötig kompliziert. „Fußballprofi? Ich dachte, du übernimmst mal unsere Drogerie."

Die Drogerie ist sein ganzer Stolz. Deshalb sagt Niko jetzt besser nichts davon, dass er nie im Leben Drogist wird. Die Unterschrift bekommt er trotzdem nicht, denn Nikos Vater will – was Erwachsene meistens wollen – erst noch mal nachdenken. Und weil er immer schrecklich viel zu tun hat, wird er mit der Nachdenkerei nicht so schnell fertig. Auch als das nächste Training stattfinden soll, hat er sich noch nicht entschieden.

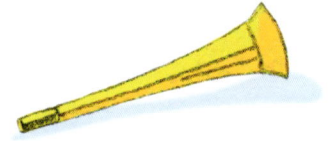

Ein verlockendes Angebot

Das Training beginnt um halb fünf. Aber Niko und Alex schauen schon am frühen Nachmittag bei Catrina vorbei und klagen der Freundin ihr Leid. Traurig zeigt Niko die Anmeldung, die noch immer nicht unterschrieben ist.

„Und wenn Niko nicht darf, dann will ich auch nicht." So schließt Alex den Bericht.

Catrina schnaubt verächtlich. „Erwachsene! Die machen ständig irgendwelche Schwierigkeiten. Zum Glück gibt es immer ein paar Tricks, wie man sie rumkriegen kann."

„Meinen Vater nicht", sagt Niko finster. „Auf Tricks fällt der nicht rein."

„Kommt auf den Trick an", sagt Catrina und steckt Nikos Anmeldung in ihre Jackentasche. „Ich schlage vor, wir statten ihm mal einen kleinen Besuch ab."

Ganz wohl ist Niko nicht bei diesem Gedanken. Aber was soll er sonst machen? Vielleicht braucht sein Vater noch Jahre für eine Entscheidung. Dann ist Niko uralt und es ist aus und vorbei mit der Bundesliga. Deshalb willigt er schließlich ein.

„Was wollt ihr denn hier?", fragt Nikos Vater, als die Kinder in der Drogerie ankommen. „Geld für ein Eis?"

Ein verlockendes Angebot, aber Catrina lehnt es tapfer ab: „Nein, wir wollen Ihnen helfen."

„Helfen?" Misstrauisch schaut der Drogist von einem zum anderen.

Catrina lässt sich nicht einschüchtern. „In so einem Laden gibt es sicher immer viel zu tun."

Nikos Vater scheint nicht richtig glücklich über das unerwartete Angebot. Aber schließlich zeigt er auf einen Karton und seufzt: „Also gut. Räumt die Cremedosen ins Regal. Aber macht mir bloß keinen Unsinn!"

Mit dieser Hilfsaktion werden sie seinen Vater nicht überzeugen, darauf möchte Niko wetten. „Wir hätten doch das Geld fürs Eis nehmen sollen", murmelt er.

Der richtige Trick

Weil keine Kunden in der Drogerie sind, zieht Nikos Vater sich in sein Büro zurück, wo eine Abrechnung auf ihn wartet.

Catrina stapelt die Dosen, die die Jungen ihr anreichen. Fast haben sie den Karton geleert, als ihr eine Dose aus den Händen rutscht und über den Boden kullert. Schnell stellt Niko den Fuß davor und schiebt sie zurück.

Ein präziser Pass, dem Alex nicht widerstehen kann. Mit dem Innenrist zirkelt er die Dose in Nikos Lauf. Der dribbelt los und umkurvt das Regal mit den Schminksachen.

Hastig steigt Catrina von der Trittleiter und setzt

nach. Sie spitzelt Niko die Dose vom Fuß und jagt
damit davon.

„Na warte!" Niko und Alex rasen hinterher. Sie holen die Ausreißerin ein und greifen an. Catrina verteidigt geschickt. Ein Zweikampf entbrennt. Das ist zu viel für die Dose. Sie geht auf und ihr Inhalt verteilt sich über den Boden. In der schmierigen Pampe verliert Alex den Halt. Er rutscht aus und landet zwischen den Gläschen mit Babybrei. Es poltert und klirrt. Die Creme vermischt sich mit Spinat und Möhrenmus zu einem interessanten Muster.

Nikos Vater kommt angerannt. „Seid ihr total verrückt geworden?", schimpft er. „Spielt gefälligst woanders!"

Kleinlaut wollen die Jungen den Rückzug antreten. Doch Catrina bleibt.

„Das machen wir bestimmt", versichert sie und sieht dabei richtig zerknirscht aus. „Ab heute spielen wir nur noch bei Blau-Gelb, versprochen!"

„Dafür wäre ich euch wirklich dankbar", sagt Nikos Vater und wischt sich den Schweiß von der Stirn.

„Da ist nur noch eine Kleinigkeit." Catrina zieht die Anmeldung aus ihrer Tasche. „Für Blau-Gelb braucht Niko nämlich eine Unterschrift."

„Nur eine Unterschrift?", fragt Nikos Vater. „Und dann verschwindet ihr?"

„Ehrenwort!"

„Und ihr wollt mir dann auch nicht mehr helfen?"

„Nie mehr!", versichert Catrina treuherzig.

„Gib her!" Der Drogist zieht einen Kuli aus seiner Tasche und kritzelt hastig seinen Namen unter das Papier.

„Seht ihr", sagt Catrina, als sie wieder auf der Straße stehen. „Mit dem richtigen Trick kriegst du jeden Erwachsenen rum."

Genau wie auf dem Wäscheplatz

Samstag auf dem Sportplatz. Aber nicht nur Training. Nein, ein echtes Fußballspiel! Und Niko und Alex sind dabei. Stolz laufen sie auf, in ihren neuen blau-gelben Trikots und den dazu passenden Stutzen.

Der Gegner heißt Densberg und spielt ganz in Rot.

„Die haben nichts drauf", sagt Catrina.

Aber ausgerechnet Catrina verliert schon nach wenigen Minuten den Ball. Ein einfacher Trick, und der Stürmer der Roten zieht an ihr vorbei. In aller Ruhe schiebt er das Leder am Tormann vorbei in die Maschen. Densberg führt.

Enttäuscht stampft Catrina mit dem Fuß auf. „So ein

blöder Fehler!", schimpft sie. „Wie konnte mir das nur passieren?"

Doch Niko tröstet sie. „Macht nichts", sagt er. „Das biegen wir noch um."

„Genau!", stimmt Alex zu. „Das Spiel ist nämlich noch lange nicht vorbei."

Energisch drängt Blau-Gelb auf den Ausgleich. Aber Densberg verteidigt geschickt. So steht es auch kurz vor der Halbzeit noch immer eins zu null. Endlich ist Alex mal durch. Doch ein rotes Bein schickt ihn auf eine Rutschpartie. Foul! Zum Glück hat der Schiri es gesehen. Er pfeift und gibt Freistoß. Die Densberger bilden eine Mauer.

„Du musst schießen!", sagt Niko und legt Catrina den Ball zurecht.

„So wie auf dem Wäscheplatz", flüstert Alex ihr zu. Catrina nickt. Ein kurzer Anlauf! Schuss! In hohem

Bogen fliegt die Kugel über die Köpfe der Roten hinweg. Genau im richtigen Moment senkt sie sich wieder und schlägt ein – zack –, direkt unter der Latte.

Tor! Endlich!

Catrina grinst. „Gut, dass ich mit Herrn Krügers Sonntagshemd geübt habe", sagt sie.

Besser als ein Fußballprofi

„Gut gemacht!", lobt Norbert in der Pause. „Und wenn ihr so weiterspielt, dann geht noch mehr."
Na klar! Mit einem Unentschieden wollen sich Niko und Alex nicht zufrieden geben. Nicht in ihrem ersten Spiel. Also Druck machen vom Anpfiff an.

Aber die Roten wehren sich tapfer. Der Siegtreffer
will einfach nicht fallen.

Doch dann kommt endlich der Moment, auf den
Niko gewartet hat. Alex' Flanke zischt heran. Sie
passt genau. Niko pflückt das Leder aus der Luft.
Vollspann und bamm, so drischt er den Ball in die
Maschen!

Tor! Tor! Tor! Begeistert klatschen Alex und Niko
ab.

Die Densberger dagegen sind geschockt. Bis zum Schlusspfiff gelingt ihnen nichts mehr. Überschwänglich feiert Blau-Gelb den Sieg.

„Nun müssen wir sie doch nicht vergessen!", ruft Alex begeistert.

„Vergessen? Was meinst du?", erkundigt sich Niko.

„Die Bundesliga! Wir können nämlich doch Fußballprofis werden!"

„Später! Wenn wir groß sind! Und bis dahin bleiben wir blau-gelbe Teufelskicker."

Alex ballt die Siegerfaust und jubelt: „Das ist genauso gut!"

Doch Niko schüttelt den Kopf. „Das ist vielleicht sogar noch ein bisschen besser", sagt er.

Ohne Torwart
geht es nicht

Eine Chance für Mehmet

Das ist Mehmet. Zusammen mit Niko und Alex geht
er in die 2a der Teufelsgrundschule.
Niko und Alex sind Fußballer durch und durch.
Das möchte Mehmet auch gerne werden, am liebsten ein Stürmer, der ganz viele Tore schießt.

Aber hat er dafür wirklich genug Talent?

Wo Mehmet ist, da ist meistens auch sein Bruder Enes. Er geht noch in den Kindergarten. Mehmet muss oft auf den Kleinen aufpassen.

Bleibt ihm da überhaupt genug Zeit zum Trainieren?

Vielleicht können Catrina und die Teufelskicker Mehmet bei seinem großen Traum helfen.

Wo spielen nur Flaschen?

Puh, so viele Aufgaben! Mehmet qualmt schon der Kopf von der ganzen Rechnerei. Aber endlich kramt Niko seinen Ball aus der Sporttasche und macht Alex ein Zeichen. Also ist die Pause ganz nah. Dafür hat Niko nämlich eine innere Uhr. Erleichtert legt Mehmet seinen Stift beiseite. Eine kleine Erholung kann er jetzt wirklich gut gebrauchen.

Auf Nikos innere Uhr ist Verlass. Es klingelt und alle Fußballer rasen los. Als Mehmet auf dem Schulhof ankommt, bilden sie gerade Mannschaften.

„Willste mitspielen?", ruft Niko. „Uns fehlt einer!"

Warum nicht? Sein Pausenbrot hat Mehmet zu Hause vergessen. Also hat er Zeit genug.

Aber es läuft nicht richtig gut. Mehmet kommt kaum mal an den Ball. Jetzt vielleicht! Aber er säbelt drüber und gleich darauf rappelt es. Leider im falschen Tor.

Mark und seine Mannschaft jubeln.

Niko seufzt. „Das kommt davon, weil du nicht im Verein spielst", erklärt er.

Alex nickt. „Wenn du nämlich bei Blau-Gelb wärst, so wie wir …"

„Au ja!", mischt Mark sich ein. „Mehmet zu Blau-Gelb! Das passt!"

Alex bläst die Backen auf. „Was willste damit sagen?", fragt er misstrauisch.

Mark spielt auch in einem Verein. Er spielt beim VfB. Die VfBer und die Blau-Gelben können sich nicht ausstehen. Deshalb gibt es ständig Streit zwischen ihnen.

Mark grinst. „Ist doch klar: die Flasche zu den Fla-schen!"

„Das nimmst du zurück!" Wütend stürzt Alex sich auf Mark. Er wirft ihn zu Boden und nimmt ihn in den Schwitzkasten. Mark strampelt und zappelt, doch er kommt nicht frei.

„Wo spielen nur Flaschen?", keucht Alex.

„Bei Blau-Gelb!", gurgelt Mark todesmutig.

So ein Giftzahn

Jemand will Mark befreien. Das ist das Zeichen für Niko. Endlich kann er auch mitmischen, ohne dass es unfair ist. Dumm nur, dass Marks Verbündeter schon in die vierte Klasse geht. Große mögen es einfach nicht so, wenn ein Kleiner ihnen in die Quere kommt. Ein kräftiger Schubs, und Niko landet unsanft auf dem Po.

„Soll ich dir mal Manieren beibringen?", fragt der Viertklässler drohend.

„Mehmet, pack ihn dir!",
brüllt Niko mit hochrotem
Kopf.

„Äh … ja … gleich", mur-
melt Mehmet. Eigentlich
hat er gar keine Lust, sich
einzumischen. Der Große
guckt ihm viel zu zornig.

Doch plötzlich ist der Junge im Pausengewimmel
verschwunden. Einfach weg, ohne sich weiter um
Niko und seine Manieren zu kümmern.

„He, der hat Schiss vor uns", ruft Niko triumphie-
rend.

Leider täuscht er sich. Wie aus dem Boden gewach-
sen steht sie da, Frau Scheinhard, die strengste Lehrerin der Schule. Vor ihr hat der Schlauberger sich
verdrückt.

„Was ist hier los?", fragt sie eisig und blickt von einem zum anderen.

Sofort gibt Alex Mark frei. „Nichts!", beteuert er hastig. „Nur ein kleiner Spaß."

„Genau", stimmt Niko zu. „Ein Spaß! Ha, ha!"

Mark schnappt nach Luft. Sprechen kann er noch nicht. Aber er nickt heftig mit dem Kopf.

Doch damit kommt man bei Frau Scheinhard nicht durch. „Erzählt mir keine Lügenmärchen!", sagt sie schroff. „Mit euch Fußballern aus der 2a hat man ständig Ärger. Ich werde mich beschweren." Mit dieser Drohung lässt sie die Jungen stehen und stolziert davon.

„So ein Giftzahn!", knurrt Alex.

„Das kannste laut sagen", stimmt Mark zu. Endlich sind die beiden mal einer Meinung.

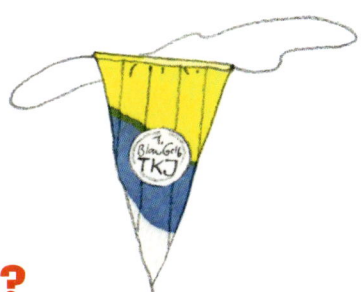

Wollen wir tauschen?

„Warum müsst ihr euch denn immer prügeln?", fragt
Frau Pirosky. Sie sieht ganz traurig aus.

Frau Pirosky ist die Lehrerin der 2a. Sie ist sehr lieb.
Mehmet will nicht, dass sie traurig ist. Auch wenn
er gar nicht daran schuld ist. Niko und Alex und
Mark sind auch nicht schuld. Schuld ist ganz allein
Frau Scheinhard, die Petze. Sie hätte Frau Pirosky
ja nichts erzählen müssen.

„Wenn Frau Scheinhard sich noch mal über euch
ärgern muss, dann gibt es Pausenverbot", sagt Frau
Pirosky.

Pausenverbot? O nein. Die Pausen sind doch das
Beste an der Schule.

„Also bitte benehmt euch in Zukunft!", fordert die Lehrerin.

Mehmet nickt und die anderen nicken auch. Damit ist das Thema erst einmal erledigt.

Auf dem Heimweg kommen Mehmet, Niko und Alex am Spielplatz vorbei.

Niko deutet auf die Wackelbrücke und sagt: „Die ist voll cool. Wollen wir sie mal ausprobieren?"

„Super Idee", findet Alex und streift schon seinen Ranzen ab.

Doch Mehmet schüttelt den Kopf. „Ne, leider keine Zeit. Ich habe heute mal wieder den Zwerg am Hals. Ich sag's euch, schafft euch bloß keinen kleinen Bruder an. Kleine Brüder sind nämlich richtig

lästig."

Alex seufzt.

„Große Schwestern sind noch

schlimmer", sagt er. „So wie

Vanessa. Die nervt total. In al-

les mischt sie sich ein und redet

superklug daher. Dazu ständig das alberne Geki-

cher. Lange halte ich das nicht mehr aus. Wollen

wir vielleicht tauschen?"

Mehmet denkt eine Weile nach. Schließlich sagt

er: „Enes nervt auch. Und außerdem muss man ihn

ständig vom Kindergarten abholen."

„Kindergarten?", fragt Alex und rümpft die Nase.

„Nein, danke. Dann behalte ich doch lieber meine

Schwester."

Ein bisschen Anlauf und zack!

Wenn seine Mutter Frühschicht hat, muss Mehmet Enes vom Kindergarten abholen. Heute ist so ein Tag. Als Mehmet ankommt, erwartet die Kindergärtnerin ihn schon. Anklagend hält sie Enes´ Ball hoch. Es ist ein echter Lederball und Enes´ ganzer Stolz. Der Kleine lässt den Kopf hängen. Sieht ganz so aus, als hätte er mal wieder etwas angestellt.

„Was ist denn passiert?", erkundigt Mehmet sich
besorgt.

„Enes hat die Scheibe vom Mädchenklo zerschos-
sen", berichtet die Kindergärtnerin. „Bitte achte darauf, dass unser Kunstschütze in Zukunft nur noch
einen weichen Gummiball mitbringt."

„Wird gemacht", verspricht Mehmet. Er klemmt sich
den Ball unter den Arm und zieht seinen Bruder
zum Ausgang.

„Wie hast du das denn fertiggebracht?", fragt er.

„Das war ganz einfach", erklärt Enes. „Nur ein bisschen Anlauf und zack!"

„Zack, aha!" Mehmet unterdrückt ein Grinsen und
versucht streng zu klingen. „Was wird Papa dazu
sagen?"

Enes kaut nachdenklich auf seiner Unterlippe herum. Schließlich schlägt er vor: „Du musst es ihm ja

nicht erzählen. Und außerdem … Außerdem war es ja nur wegen Opa."

„Wegen Opa?"

„Ja, genau. Du weißt doch, was er sich wünscht. Nämlich, dass ich zu ihm nach Istanbul komme und Stürmer bei Fenerbahce werde. Deshalb muss ich viel trainieren. Das geht nicht mit einer weichen Gummipille. Und jetzt gib endlich her!"

Er will nach dem Ball greifen, aber Mehmet hält ihn hoch. „Nix da", sagt er. „Unterwegs gibt es näm-lich auch noch jede Menge Fensterscheiben. Und für heute hast du schon genug Schaden angerichtet."

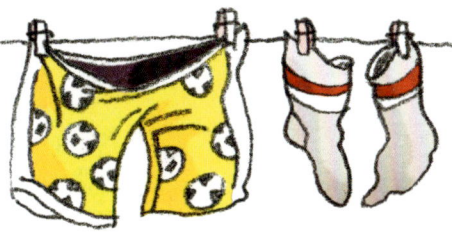

Stürmer und sonst gar nichts

Mehmet brütet über den Hausaufgaben. Mathematik, drei Päckchen. Enes hat es gut. Der muss nicht rechnen und kann draußen spielen.

Bum! Bum! Peng! Ohne Pause hämmert er den Ball gegen die Hauswand. Mehmet seufzt. Es ist nicht leicht, wenn man der große Bruder ist. Und wenn man später mal Professor werden soll.

Opa hat das gesagt, als sie im Sommer zu Besuch in der Türkei waren. „Mehmet wird mal Professor", hat er gesagt. Dazu hat er Mehmet den neuen Schulranzen geschenkt.

Aber Enes hat den Ball bekommen. Und ein Fußballtrikot. „Unser Enes, der hat Talent", hat Opa voller Stolz gesagt. Und dass Enes mal ein berühmter Fußballer wird. Dann wohnt er bei Opa in Istanbul und schießt ganz viele Tore für Fenerbahce. Das ist Opas Lieblingsverein. Von Mehmet hat Opa nichts gesagt. Einen Professor brauchen Opa und sein Verein wahrscheinlich nicht so dringend.

Missmutig wendet Mehmet sich wieder seinem Rechenheft zu.

Wie viel mal 8 ist 72?

Blöde Aufgabe. Aber, halt. Warum plagt er sich damit ab? Warum wird er nicht auch Stürmer?

Das ist cooler als Professor. Dann kann er später auch bei Opa wohnen und ganz viele Tore für ihn schießen.

Entschlossen packt Mehmet seine Schulsachen ein und läuft hinaus.

„Ich spiel mit!", ruft er.

„Au ja!" Enes strahlt. „Wetten, ich bin besser als du?"

Das stimmt leider. Der Knirps ist flink und kennt jede Menge Tricks. Immer wieder spielt er seinen Bruder aus. Schließlich lässt Mehmet sich erschöpft ins Gras fallen. Vielleicht hat er einfach nicht so viel Talent wie Enes. Dann muss er doch Professor werden.

Quatsch! Er braucht nur ein bisschen Training, damit es besser läuft.

„Stell dich mal ins Tor!", bittet Enes. „Ich schieß dir drauf."

Na gut, wenn's sein muss. Der Wäscheplatz ist frei.

Mehmet stellt sich zwischen die Pfosten. Hier kann ihm der Kleine nichts vormachen. Mehmet fängt alles weg. Schon zieht Enes einen Schmollmund. Da lässt Mehmet schnell einen Schuss durch die Finger flutschen.

Enes jubelt wie ein Weltmeister. „Aber du warst auch ganz gut", sagt er. „Vielleicht wirst du später mal Tormann."

Nix da! Mehmet wird Stürmer und sonst gar nichts. Das steht fest.

Einfach netter

Wer Fußball spielen will, muss in einen Verein gehen, hat Niko gesagt. Also ist alles ganz einfach.
Um ein Top-Stürmer zu werden, muss Mehmet sich
nur noch anmelden. Aber wo? Bei Blau-Gelb wie
Niko und Alex? Oder beim VfB wie Mark? Das will
gut überlegt sein. Auch am nächsten Tag in der
Schule grübelt er noch darüber nach.

„Wie viel mal 8 ist 72?"

„Wie? Was?" Erschrocken fährt Mehmet aus seinen
Gedanken hoch.

„Die Hausaufgaben", erklärt Frau Pirosky ungeduldig. „Also, wie viel mal …?"

O Mann, die blöden Päckchen von gestern! Wo

kriegt man jetzt so schnell ein Ergebnis her? Mehmet schielt zu Mark hinüber. Doch der legt die Hand auf seine Aufgaben und versperrt die Sicht.

Frau Pirosky schaut in Mehmets Heft. „Wieso hast du denn gar nichts gerechnet", fragt sie vorwurfsvoll.

„Äh, weil ..." Wie soll Mehmet ihr das nur erklären? Die Sache mit Opas Verein versteht sie bestimmt nicht.

Schon macht die Lehrerin ein Schimpfgesicht.

Da ruft Niko: „Das war wegen dem Zwerg! Mehmet konnte gar keine Hausaufgaben machen."

Verwundert schaut Frau Pirosky ihn an. Mehmet wundert sich auch.

„Ja", erklärt Niko eifrig. „Weil er doch auf seinen kleinen Bruder aufpassen musste. Den ganzen Nachmittag. Da hat er einfach keine Zeit gehabt."

„Stimmt das?", fragt Frau Pirosky.

Mehmet nickt. So war es. Jedenfalls so ähnlich.

Da sieht Frau Pirosky gleich viel freundlicher aus und schimpft überhaupt nicht. Erleichtert lächelt Mehmet Niko zu. Und auf einmal ist alles sonnenklar. Mehmet geht zu Blau-Gelb. Weil die Blau-Gelben einfach netter sind. Sie helfen einem, der in der Klemme steckt. Das hat man ja gerade gesehen.

Aufregung an einem wichtigen Tag

In der großen Pause weiht Mehmet Niko und Alex in seinen Plan ein.

„Stürmer willst du werden?", fragt Niko und runzelt die Stirn.

„Kann er ja mal versuchen", meint Alex. „Unser Trainer ist super. Der bringt jedem was bei."

„Na gut", stimmt Niko zu. „Dann komm heute um halb fünf zum Sportplatz."

Doch das ist schwierig. Enes riecht es immer, wenn was im Busch ist. Den ganzen Nachmittag klebt er wie eine Klette an seinem Bruder. Unauffällig verdrücken, das geht gar nicht.

„Ich muss zum Training", sagt Mehmet schließlich.

„Training?", fragt Enes hellhörig. „Was denn für ein Training?"

„Fußball, was denn sonst?"

„Au ja!", ruft Enes begeistert. „Ich komm mit."

Mehmet schüttelt den Kopf. „Auf keinen Fall. Das ist nämlich nichts für Babys."

Sofort füllen Enes´ Augen sich mit Tränen. O je, die Heulnummer! Natürlich wird Mehmets Mutter dabei wieder schwach. „Du nimmst deinen Bruder mit oder du bleibst auch hier", sagt sie energisch.

Na toll! So wird man nie ein guter Stürmer. Höchstens ein gutes Kindermädchen. „Aber wehe, du nervst", knurrt Mehmet.

Enes' Tränen sind versiegt. „Natürlich nicht", versichert er fröhlich. „Das mache ich nämlich nie!"

Unterwegs quasselt Enes ohne Pause.
Vergeblich versucht Mehmet seine Ohren auf Durchzug zu stellen. Schließlich fordert er genervt: „Halt doch endlich mal die Klappe!"
„Du bist nur ein bisschen aufgeregt", sagt Enes treuherzig. „Das ist alles."
„Quatsch! Bin ich gar nicht!"
Doch, der Knirps hat leider recht. Mehmet ist aufgeregt. Aber das ist ja auch kein Wunder an so einem wichtigen Tag.

Angst vor einem Kaninchen

„Ich bin Norbert." So stellt sich der Trainer vor. „Ihr beiden wollt also zu Blau-Gelb kommen?"

„Ich!", sagt Mehmet mit Nachdruck. „Ich komme zu Blau-Gelb. Enes schaut nur zu."

Ein Mädchen mischt sich ein und meint: „Beim Aufwärmen darf der Kleine ruhig ein bisschen mitmachen." Darauf hat Enes nur gewartet. Wie der Blitz saust er aufs Feld.

Dribbeln, passen, flanken und vor allem flitzen und noch mal flitzen. O Mann!

Enes fegt vorbei und quiekt: „Das macht voll Spaß!"

„Und wie!", japst Mehmet. „Noch viel mehr, wenn ich erst mal wieder Luft kriege."

Endlich wird aufs Tor geschossen. Das ist für einen Stürmer sowieso viel wichtiger als die ganze Rennerei. Alex darf als Erster ran. Er zielt aufs rechte Eck. Das sieht ein Blinder. Aber der Tormann hüpft nach links. Treffer!

Das Mädchen legt sich den Ball zurecht.

„Sie heißt Catrina", flüstert Enes. „Und sie ist voll nett."

Catrina zieht ab. Mehmet federt in den Knien. Aber der Tormann klebt auf der Linie. Drin!

Schuss um Schuss beobachtet Mehmet den Jungen zwischen den Pfosten. Dabei zuckt es in seinen Beinen und kribbelt in den Fingern. Was macht der Kerl denn bloß? Schon wieder muss er hinter sich greifen. Hätte er mal lieber die Faust genommen. So! Zack!

„Au!" Niko zeigt Mehmet den Vogel. „Warum boxt du mich, du Hirni?"

„Tschuldigung", murmelt Mehmet verlegen. Zum Glück ist er jetzt selber dran. Doch er trifft nicht richtig. Wie ein zahmes Kaninchen hoppelt der Ball in die Maschen.

„Toll, du hast ein Tor geschossen!", lobt Enes. Aber das ist keine Kunst, wenn sich der Tormann sogar vor einem Kaninchen fürchtet.

Na warte!

Ein Spiel zum Schluss. Enes muss zugucken. Na bitte, richtiges Training ist eben doch nichts für Babys.

Rote Leibchen gegen grüne. Mehmet ist bei den Roten. Der ängstliche Tormann spielt in Grün. Prima, da wird es gleich kräftig rappeln.

Aber leider ist der Ball nie da, wo Mehmet gerade ist. Egal, wo er hinläuft, der Ball ist woanders. Bei Niko zum Beispiel. Der hat schon zweimal getroffen. Oder bei Alex. Der zielt kurz und schon zappelt es wieder im Netz.

Wütend pfeffert der Tormann seine Handschuhe in die Ecke. „Immer muss ich im Tor stehen", quengelt er. „Das ist voll blöd."

„Ich dachte, das macht dir Spaß", sagt der Trainer erschrocken.

„Überhaupt nicht!", mault der Junge. Lustlos hockt er sich auf den Randstreifen.

„Hhm!" Nachdenklich schaut Norbert seine Spieler an. „Wer möchte denn ins Tor?"

Niemand meldet sich. Alle wollen lieber selber Tore schießen.

Auch der Tormann der Roten zuckt die Schultern.

„Ich mach's höchstens mal im Training. Aber bei den richtigen Spielen? Ne, dazu habe ich keine Lust."

„Dann müssen wir in Zukunft wohl ohne Tormann ran", sagt Norbert besorgt.

Da kräht Enes vom Rand: „Mehmet ist voll gut im Tor!"

„Halt die Klappe!", zischt Mehmet ihm zu. Das sagt der Knirps doch nur, weil er Mehmets Platz bei den Roten will.

Leider findet Norbert die Idee gar nicht so schlecht.

„Mehmet im Tor?", überlegt er. „Das probieren wir gleich mal aus."

„Na warte", flüstert Mehmet seinem Bruder zu. „Nach dem Training kannst du was erleben."

Doch darüber macht Enes sich keine großen Sorgen. Er streift sich Mehmets Leibchen über und flitzt auf den Platz.

Ein Teufelskerl im Tor

Die Grünen haben keine Lust auf noch mehr Gegentore und machen jetzt dicht. Kein Angriff kommt mehr durch und Mehmet steht sich die Beine in den Bauch. Langweilig!

Doch dann – ganz plötzlich – ist Niko durch. Holt aus. Schießt. Der Ball zischt heran. Unhaltbar? Logo! Die Roten reißen schon die Arme hoch.

Da heben Mehmets Beine ab. Ganz von selber. Mehmet fliegt. Fliegt der Kugel entgegen. Pflückt sie aus der Luft und drückt sie fest an sich.

„Super!"

„Wahnsinn, Mehmet!"

„Echt klasse!"

Mehmet hört kaum, was die anderen ihm zurufen. Der Ball in seinen Händen! Wie toll sich das anfühlt! Warum merkt er das erst jetzt?

Am liebsten würde er die Kugel für immer festhalten. Doch leider pfeift Norbert das Spiel ab. Er sammelt seine Mannschaft und verkündet: „Blau-Gelb hat also einen neuen Tormann!"

O nein, wo kommt der denn so plötzlich her? Eben hat sich niemand gemeldet. Und jetzt …

Mit einem kräftigen Stoß in die Rippen holt Enes seinen Bruder in die Wirklichkeit zurück. „Kapierst du's nicht, Mann? Er meint dich! Du bist der neue Tormann!"

Ungläubig schaut Mehmet in die Runde.

„Bist du einverstanden?", erkundigt sich Norbert.

Was für eine Frage! Mehmet strahlt und nickt.

Catrina lacht ihn an. „Na dann, willkommen bei den Teufelskickern!"

„Teufelskicker?" Mehmet versteht nur Bahnhof.

„Toller Name, stimmt's?", fragt Catrina stolz. „Den hab ich mir ausgedacht."

„Wir nennen uns so, damit alle Gegner sich vor uns fürchten", erklärt Alex.

„Und mit so einem Teufelskerl in unserem Tor werden sie erst richtig Angst kriegen", sagt Niko zufrieden.

Dafür ist ein Tormann da

Große Pause. Zeit für ein kleines Spielchen. Brotbüchsen als Torpfosten.

Mehmet stellt sich dazwischen und spuckt in die Hände. „Auf geht's!"

„Ha, ha!", höhnt Mark. Natürlich ist er bei der gegnerischen Mannschaft. „Mit dieser Flasche im Tor habt ihr jetzt schon verloren."

Abwarten!

Alex ist am Ball. Aber Mark klaut ihm das Leder vom Fuß und trickst auch noch Niko aus.

„Nachsetzten, los!", fordert Mehmet. Aber dafür ist es bereits zu spät. Schon zieht Mark ab. Was für ein Schuss! Das wird das Tor des Jahres. Sieges-

gewiss reckt der Schütze beide Fäuste zum Jubeln
empor.

Doch da schraubt Mehmet sich hoch. Wie ein Tiger
im Sprung, so fliegt er auf seine Beute und begräbt
sie unter sich.

Mark lässt die Fäuste wieder sinken. Er ist ganz
blass geworden. „O Mann", japst er erschrocken.
„Gut, dass du den gehalten hast."

Spinnt er jetzt total? Ein Torjäger muss sich doch
ärgern, wenn er nicht trifft, oder?

Verstohlen zeigt Mark hinter das Tor. Dort steht wie ein Denkmal – Frau Scheinhard. Misstrauisch beäugt sie die Fußballer.

„Die hätte den voll vor den Kopf gekriegt", flüstert Mark.

Ach du Schreck! Was das bedeutet, weiß jeder. Eine Strafpredigt, die sich gewaschen hat. Pausenverbot für alle Fußballer. Und die arme Frau Pirosky müsste schon wieder traurig sein. Aber zum Glück hat die Glanzparade von Mehmet sie alle gerettet.

„Danke", sagt Mark noch einmal.

Mehmet winkt großzügig ab. „Kein Ding. Wenn's gefährlich wird, muss ein Tormann eben da sein."

Aus dem Tausch wird nichts

Enes ist mit Mama beim Zahnarzt. Nach der Behandlung muss Mama dem Knirps zum Trost bestimmt ein Spielzeugauto und ein Eis kaufen. So schnell werden die beiden also nicht zurückkommen. Ein freier Nachmittag liegt vor Mehmet. Da passt es gut, dass Niko und Alex ihn abgeholt haben, um auf den Spielplatz zu gehen.

Gerade toben sie auf der Wackelbrücke herum, als ein paar Mädchen auftauchen.

„O nein", stöhnt Alex. „Lasst uns verduften!"

Aber dafür ist es zu spät. Die Mädchen haben ihn bereits entdeckt.

„Brüderchen", säuselt eine von ihnen. Aha, das

95

ist also Vanessa. Die nervige Schwester von Alex.

„Brüderchen, weißt du, dass Mama stinksauer ist?
In deinem Zimmer sieht es nämlich aus wie im
Schweinestall."

„Hau ab!", fordert Alex abweisend.

Vanessa grinst. „Na, na, Kleiner. Ist das der Dank,
dass ich dich gerettet habe?"

„Gerettet?", fragt Alex misstrauisch. „Du? Mich?"

„Ja, ich habe es Mama erklärt. Das passt doch,
habe ich gesagt. Ein Schweinestall für ein Ferkel."

Die Mädchen prusten los. Unter Gekicher zieht die
ganze Clique ab. Alex dagegen platzt gleich vor Wut.

„Mensch, Mehmet, wollen wir nicht doch tauschen?", fragt er. „Ich hole deinen kleinen Bruder
auch immer vom Kindergarten ab."

Mehmet lacht. „Enes trainiert jeden Tag mit mir.
Kann Vanessa das auch?"

Alex verzieht das Gesicht. „Das mit dem Training
kannst du vergessen. Die blöde Zicke hat noch nie
gegen einen Ball getreten", sagt er verächtlich.
„Dann tut es mir leid. Aus dem Tausch wird nichts.
Ich behalte meinen Bruder lieber selber."

Ein Teufelskerl für Opa

Das Telefon klingelt. Mehmet hebt ab. Opa! Er hat schlechte Laune. Das kann man von Istanbul bis hierher hören.

„Was ist denn los?", fragt Mehmet.

„Fenerbahce hat wieder mal verloren", schimpft Opa.

O je, der Ärmste. Niederlagen nimmt er sich immer sehr zu Herzen. Mehmet muss ihn trösten. „Enes kommt doch bald", sagt er. „Der schießt jedem Gegner die Bude voll."

Opa seufzt. „Aber da gibt es noch ein Problem.
Nämlich unser Tormann."

„Euer Tormann?", fragt Mehmet gespannt.

„Ja, das ist ein richtiger Fliegenfänger."

Hey! Wenn das wahr ist, dann hat Mehmet gleich
noch eine gute Nachricht! „Mach dir keine Sorgen,

Opa", sagt er gut gelaunt. „Der Fliegenfänger kann bald einpacken."

„Wie meinst du das?"

Mehmet grinst vor sich hin. „Na ja, ich hab gehört, das ihr einen super Tormann bekommt. Einen richtigen Teufelskerl."

„Wirklich?", ruft der Opa hoffnungsvoll. „Wann denn?"

„Bald", versichert Mehmet. „Im Moment wird er bloß noch anderswo gebraucht."

Ein Foul mit Folgen

Catrina zieht die Notbremse

Catrina spielt Fußball bei Blau-Gelb. Blau-Gelb ist der beste Verein der Welt. Nicht nur Catrina ist davon überzeugt, sondern auch ihre Freunde, Niko und Alex, der Tormann Mehmet und natürlich sein kleiner Bruder Enes, der treuste Fan. Auch Norbert

möchte keinen anderen Verein trainieren als seine
Teufelskicker.

Teufelskicker, so nennen sich die Blau-Gelben, um
jeden Gegner einzuschüchtern. Wer es aber trotzdem wagt anzugreifen, der kriegt es mit Catrina zu
tun. Denn als Verteidigerin versteht sie keinen Spaß.

Eine Grätsche mit Folgen

O Mann! So ein dummer Fehler! Wie eine Anfängerin hat Catrina sich verladen lassen. Nur eine klitzekleine Millisekunde hat sie gepennt. Und schon ist der Weg frei für den Achter, einen flinken Flitzer aus Neunhain. Wenn der jetzt das Tor macht, dann ist der knappe Vorsprung für Blau-Gelb dahin. Und vielleicht geht das Spiel sogar noch verloren.

Nein, das darf nicht passieren! Nicht so lange Catrina hier verteidigt. An ihr kommt keiner vorbei. Das wäre ja noch schöner. Also los!

Vollgas voraus, so grätscht Catrina dazwischen. Der Neunhainer geht zu Boden und fängt gleich an zu schreien. So ein Schauspieler! Aber soll er ruhig noch ein bisschen Theater machen. So kann Catrina den Ball ungestört aus der Gefahrenzone schlagen.

Doch ein schriller Pfiff kommt ihr in die Quere. Der Schiedsrichter eilt herbei und zeigt Catrina alle Finger einer Hand. Catrina weiß, was das bedeutet: fünf Minuten Zeitstrafe. Unglücklich trottet sie vom Platz. Der Schiedsrichter schickt ihr noch eine Ermahnung hinterher: „Noch so ein Ding, und du wirst für ein paar Spiele gesperrt."

So ein Mist!

Am Spielfeldrand will Catrina ihrem Ärger Luft machen.

„Das war voll unge-
recht!", beschwert sie
sich. „Ich hab bloß
den Ball gespielt."

Doch Norbert schüttelt unwillig den Kopf. „Mit dieser Ausrede kommst du jedes Mal. Dabei war es ein ganz klares Foul und nichts anderes."

„Der Typ hat doch gar nichts", versucht Catrina es noch einmal. „Nicht die kleinste Schramme, nichts!"

„Sei froh!", erwidert Norbert. „So wie du reingegangen bist, hättest du deinen Gegner auch böse verletzen können."

„Aber ..." Catrina beißt sich auf die Lippen. Plötzlich ist sie sich gar nicht mehr so sicher, ob sie wirklich nur den Ball gespielt hat.

„Mensch, Catrina", sagt Norbert und klingt dabei schon wieder etwas versöhnlicher. „Solche Grätschen hast du doch gar nicht nötig."

„Ich mach's nicht mehr", murmelt Catrina zerknirscht.

„Das will ich hoffen." Mit diesen Worten wendet sich der Trainer wieder dem Spiel zu.

Der einzige Trost

Bisher haben die Neunhainer auf ihrem eigenen Platz nur wenige Torchancen herausgespielt. Doch nun werden die Gastgeber mutiger. Dort, wo Catrina bisher verteidigt hat, klafft eine Lücke. Und in die stoßen sie immer wieder hinein. Zweimal musste Mehmet schon Kopf und Kragen riskieren, um den Einschlag zu verhindern.

Aufgeregt zappelt Catrina an der Linie herum. „Bitte, bitte, kein Tor für Neunhain", flüstert sie immer wieder. Dabei presst sie ihre Daumen so fest, dass die schon richtig wehtun.

Aber alle Beschwörungen nützen nichts, denn auf einmal ist der Achter wieder unterwegs. Den Ball

110

eng am Fuß so dribbelt er auf Mehmet zu. Alex und Niko hetzen hinterher, aber sie holen ihn nicht mehr ein.

Mehmet! Er muss es richten. Da kommt er schon aus seinem Kasten. Doch darauf hat der Stürmer nur gewartet. Mit einem gekonnten Lupfer löffelt er das Leder über den Tormann hinweg in die Maschen.

Nun ist er doch da, der Ausgleich, den Catrina unbedingt verhindern wollte. Aber es kommt noch schlimmer.

Als die Zeitstrafe abgelaufen ist, will Catrina aufs Spielfeld sprinten, doch Nobert hält sie zurück und macht Björn ein Zeichen. „Björn möchte auch mal spielen", erklärt er. „Und dir kann so eine kleine Denkpause vielleicht gar nicht schaden."

„Hhm", brummelt Catrina. Wenn sie etwas im Moment überhaupt nicht brauchen kann, dann ist es Zeit zum Nachdenken.

Eine kleine Hand schiebt sich in Catrinas Hand. Sie gehört Enes. Dankbar hält Catrina sich daran fest.

Der Wechsel in der Verteidigung tut Blau-Gelb nicht gut.

Björn ist noch nicht lange dabei. Ihn auszuspielen ist kein Kunststück. So gelingen den Neunhainern

noch zwei Tore. Nach dem Abpfiff feiern sie ihren Sieg ausgelassen. Die Blau-Gelben dagegen schleichen mit hängenden Köpfen vom Platz.

Gute Vorsätze und ein Sahnebonbon

In der Kabine ist die Stimmung auf dem Tiefpunkt. Stumm hocken alle auf den Bänken und starren finster vor sich hin.

Schließlich hält Catrina es nicht mehr länger aus. „Ich bin schuld", jammert sie. „Ich ganz allein!"

„Na ja", brummelt Niko. „War wirklich nicht besonders schlau, was du gemacht hast."

„Ich weiß!" Catrina ist zum Heulen zumute.

Alex klopft ihr auf die Schulter. „Ein bisschen schuld bist du schon", sagt er. „Aber nicht ganz allein."

„Stimmt", meint Niko. „Dass der Achter plötzlich durch war, das geht auf mich. Ich hätte ihm die Pille schon vorher abnehmen müssen."

„Und dann mein Fehlpass vor der zweiten Bude", erinnert sich Alex. „Das war auch keine Glanztat."

„Beim dritten Treffer sah ich ziemlich alt aus", gesteht Mehmet. „Den habe ich glatt unterschätzt."

„Von meiner Leistung wollen wir gar nicht reden", sagt Björn. „Die war unterirdisch."

„So ist das nun mal in einer Mannschaft", erklärt Niko. „Wir gewinnen zusammen und wir verlieren zusammen."

Erleichtert zieht Catrina die Nase hoch und schnieft: „Das ist total nett von euch."

„Kein Problem", sagt Alex. „Teufelskicker müssen doch zusammenhalten."

„Ich werde mich bessern", versichert Catrina. „Ab jetzt foule ich nie mehr!"

„Höchstens, wenn es mal ganz doll nötig ist", mischt Enes sich ein.

„Auch dann nicht!", verspricht Catrina. „Großes Ehrenwort und ich schwör's. In Zukunft bleibt die Grätsche stecken."

Norbert ruft in die Kabine: „Beeilt euch mal. Wir fahren gleich los."

Catrina will ihre Fußballschuhe aufschnüren. Aber etwas stört dabei. Da merkt sie erst, dass sie immer noch eine kleine Hand umklammert hält.

„Danke", flüstert sie und versucht sich loszumachen. Doch das ist nicht so einfach. Enes' Hand ist heiß und schwitzig und klebt wie ein Sahnebonbon.

Eigentor für Jens

Am Sonntag kommt die Oma zum Mittagessen. Sie hat supergute Laune. Beim Nachtisch rückt sie mit einer Neuigkeit raus.

„Am Dienstag fliege ich nach Mallorca", erzählt sie. „Zusammen mit Karin und Renate. Wir wollen uns mal Urlaub gönnen."

Catrinas Eltern beglückwünschen die Oma zu diesem Entschluss. Und auch Jens, Catrinas großer Bruder, nickt anerkennend. „Voll cool! Den ganzen Tag am Strand liegen und Party machen", sagt er. Nur Catrina hat Bedenken gegen Omas Pläne. „Bist du denn am Mittwoch wieder da?", erkundigt sie sich besorgt.

„Aber wo denkst du hin! Wir bleiben drei Wochen", erklärt die Oma. „Und wie soll ich dann zum Training kommen?", fragt Catrina erschrocken.

„O je, das habe ich ja ganz vergessen", sagt Oma. „Was machen wir denn jetzt?"

Catrina wohnt im Waldtal, draußen am Stadtrand, weit weg von Blau-Gelb. Doch zum Glück wohnt die Oma ganz in der Nähe des Sportplatzes. Deshalb holt sie Catrina mittwochs immer von der Schule ab. Catrina isst bei der Oma und macht dort ihre Hausaufgaben, ehe sie zum Training geht. Wenn Mama und Papa Feierabend haben, holen sie Catrina wieder ab. So ist alles ganz einfach. Aber nur, wenn Oma nicht in der Weltgeschichte rumreist.

„Dann setzt du mit dem Training eben so lange mal aus", meint Mama.

„Drei Wochen?" Catrina schüttelt energisch den

Kopf. „Das ist ja 'ne Ewigkeit. Danach weiß ich gar nicht mehr, was man mit einem Ball machen muss!"

„Vielleicht könntest du mit dem Bus ...?", überlegt Oma.

Aber davon will Mama nichts hören. „Allein durch die ganze Stadt? Dafür ist Catrina noch viel zu klein."

„Bin ich gar nicht", begehrt Catrina auf. „Das schaffe ich schon."

„Du?", stänkert Jens. „Du bist doch noch ein richtiges Baby!"

Aber damit hat er ein sauberes Eigentor geschossen. „Du dagegen bist schon fast erwachsen", sagt Papa listig. „Deshalb könntest du deine Schwester begleiten."

„Ich?" Diese Sache schmeckt Jens überhaupt nicht. Gerade will er losmeckern, da sagt Oma: „Vielen

Dank, Jens, dass du das übernimmst. Da bin ich aber wirklich erleichtert."

Jens brummelt etwas Unverständliches und schiebt lustlos seinen Pudding weg.

„Keinen Hunger mehr?", erkundigt sich Catrina schadenfroh. Sie zieht die Schüssel zu sich heran und leert sie mit bestem Appetit.

Fußball spielen verlernt?

Mit Jens zum Training zu fahren ist kein Vergnügen. Weil er sich aufspielt und pausenlos meckert. „Weißt du, wie peinlich das ist? Ich bin doch kein Babysitter. Was sollen denn meine Freunde von mir denken?"
Aber leider bleibt Mama dabei, dass Catrina nicht allein mit dem Bus fahren darf. Deshalb muss sie ihren Nörgelbruder ertragen, wenn sie nicht aufs Training verzichten will.

Doch Jens ist nicht Catrinas einziges Problem. Das zeigt sich gleich beim nächsten Spiel gegen Braunfels.

„Der Siebener, der ist brandgefährlich", erklärt Norbert in der Kabine. „Catrina, den bewachst du."

Catrina nickt. Gleich nach dem Anstoß heftet sie sich dem Braunfelser Stürmer an die Fersen. Doch seine gefährlichen Flanken und Schüsse kann sie nicht verhindern.

„Geh doch ran!", ruft Norbert vom Spielfeldrand. „Erkämpf dir den Ball!"

Aber Catrina traut sich nicht. Was ist, wenn sie bei einem Zweikampf wieder nur das Bein ihres Gegners trifft? Damit hat sie ihrer Mannschaft erst beim letzten Spiel tüchtig geschadet. Da ist es doch wirklich besser, in sicherem Abstand nebenherzusprinten, oder?

Nein, ist es nicht. Wieder flankt der Siebener ungestört in den Strafraum. Diesmal findet er den Kopf

eines Mitspielers und schon hat es geklingelt. Bald
darauf klingelt es erneut.

Diesmal trifft der Siebener persönlich. Danach
kommt Alex Catrina zu Hilfe. Er legt den Braunfel-
ser an die Kette. Aber so fehlt er selber im Angriff.
Zwar kann Niko in der zweiten Halbzeit noch den
Ehrentreffer erzielen. Aber mehr ist nicht drin. Blau-
Gelb hat schon wieder verloren.

„Ich glaube, ich habe das Fußball-
spielen verlernt", klagt Catrina
beim Abendbrot.

„Dann solltest du vielleicht besser damit aufhören",
schlägt Jens vor.

„Das könnte dir so passen!" Zornig streckt Catrina
ihrem Bruder die Zunge raus. Das sagt der Blöd-
mann doch nur, weil er sie nicht mehr zum Training
bringen will.

Kein bisschen gefährlich

Am nächsten Mittwoch sitzt Catrina wie auf glühenden Kohlen. In zehn Minuten fährt ihr Bus. Und Jens ist immer noch nicht da. Er ist gleich nach der Schule mit seinen Freunden in die Stadt gegangen. Aber er hat versprochen, Catrina pünktlich abzuholen. Und nun kommt er einfach nicht.

Catrina wählt die Nummer von seinem Handy. Jens? Nein, nur seine Stimme von der Mailbox. „Mann, wo bleibst du?", schimpft Catrina. Wütend legt sie auf.

Was nun? Mama oder Papa anrufen? Aber die sind bei der Arbeit und können auch nicht helfen. Inzwischen ist der Bus weg. Catrina wird also auf je-

126

den Fall zu spät kommen.
Mist, sonst ist sie immer
eine der Ersten. Und was
ist, wenn Jens überhaupt
nicht mehr auftaucht, auch
nicht bis zum nächsten Bus? Muss Catrina das Training dann sausen lassen?

Was würde Norbert dazu sagen? Und die anderen in der Mannschaft? Die denken dann doch bestimmt, Catrina lässt sie hängen. Das geht nicht!
Ungeduldig schaut Catrina aus dem Fenster. Immer
noch keine Spur von ihrem Bruder. O Mann, der
kann was erleben! Aber jetzt ist keine Zeit für einen Racheplan. Zuerst muss Catrina irgendwie zum
Training kommen.

Mama möchte nicht, dass sie allein durch die Stadt
fährt. Aber was soll sie machen, wenn Jens sich

nicht blicken lässt? Dann ist das doch ein Notfall, oder?

Entschlossen stochert Catrina ein paar Münzen aus ihrem Sparschwein. Sie schnappt ihre Sportsachen und rennt los. Kaum hat sie die Haltestelle erreicht, hält auch schon der Bus. Catrina steigt ein. „Zum Kaufpark, bitte", sagt sie und bezahlt.

Der Busfahrer findet Catrina nicht zu klein für einen Ausflug ohne großen Bruder. Mit freundlichem Lächeln gibt er ihr eine Fahrkarte.

Catrina sucht sich einen freien Platz. Zufrieden schaut sie aus dem Fenster. Was Mama nur immer hat? Busfahren ist doch babyleicht und kein bisschen gefährlich.

Blödes Gör

Eilig überquert Catrina den Parkplatz des Super-
marktes. Von dort führt eine schmale Straße zum
Sportplatz. Kein Blau-Gelber ist mehr unterwegs.
Logisch, die sind alle schon beim Training. Was Catrina wohl bisher verpasst hat? Das Aufwärmen?
Das wäre nicht so schlimm, denn sie kocht selber
schon vor Wut. Aber vielleicht haben die anderen
schon aufs Tor geschossen. Vielleicht hat sogar das
Spiel zum Abschluss des Trainings bereits angefan-
gen und Catrina kann nur noch zuschauen.

„He, was soll denn das? Aufhören! Sofort aufhören!"

Erschrocken bleibt Catrina stehen. Es ist eine Frau,

die da so schreit. Und der Mann neben ihr? Was macht der? Er zerrt an ihrer Handtasche. Die Frau wehrt sich, hält die Tasche fest. Da versetzt ihr der Mann einen heftigen Schubs. Die Frau fällt hin und der Mann rennt mit der Tasche los.

„Hilfe!", schreit die Frau und rappelt sich mühsam auf. „Hilfe!"

Aber hier ist niemand, der ihr helfen könnte. Ein paar Fußgänger, jemand im Vorgarten seines Hauses. Alle Leute sind zu weit entfernt. Nur Catrina ist ganz nah. Der Mann läuft direkt auf sie zu.

Der Mann ist ein Dieb, oder? Ein Handtaschenräuber. Also total gefährlich. Besser Catrina geht ihm aus dem Weg. Ängstlich drückt sie sich an den Straßenrand.

„Hilfe!" Hinkend hat die Frau die Verfolgung aufgenommen. „Hilfe!"

Sie hat keine Chance. Gleich wird der Dieb an Catrina vorbeirennen. Er wird im Gewühl vor dem Supermarkt verschwinden und die Frau sieht ihre Tasche nie wieder.

Aber wenn er nicht vorbeikommt? Wenn jemand ihn vorher stoppt?

Plötzlich geht alles ganz automatisch. Catrina kann gar nichts dagegen tun. Vollgas voraus, so fährt sie dem Dieb in die Beine. Fluchend geht der zu Boden. „Pass doch auf, du blödes Gör!", schimpft er.

„Aber das hat sie", sagt jemand. „Zum Glück hat dieses Mädchen besonders gut aufgepasst."

Ein knallhartes Foul

Es ist ein Mann, der das sagt. Und er fügt noch hinzu: „Sonst wären Sie wohl schon über alle Berge."
Wie auf ein Stichwort springt der Dieb auf. Doch der Mann deutet auf sein Handy und meint: „Zweck-

los! Ich habe die Polizei schon verständigt. Die wird gleich hier sein."

Gehetzt schaut der Dieb sich um. Aber inzwischen ist er umringt von Leuten, die neugierig näher gekommen sind.

Der Lärm war wohl bis zum Sportgelände zu hören, denn da kommen sie alle angerannt. Enes vorne weg, dahinter die Mannschaft und Norbert.

Mit einem Blick auf Catrina erkundigt er sich besorgt: „Was ist denn hier los?"

„Das wüsste ich auch gern", sagt der Dieb mit gespielter Empörung. „Ich gehe hier ganz friedlich spazieren. Da kommt dieses wild gewordene Mädchen und greift mich an." Als er merkt, dass er die Handtasche noch immer in der Hand hält, lässt er sie erschrocken fallen.

Erleichtert greift die Besitzerin zu. „Das war ganz anders!", erklärt sie. Ehe sie weiterreden kann, kommt ein Polizeiauto angebraust, und zwei Polizisten springen heraus.

„Gut, dass Sie da sind", sagt die Frau. Dann erzählt sie alles, was passiert ist. „Und das tapfere Mädchen hier", sie zeigt auf Catrina, „die hat diesen Verbrecher gestellt."

Zweifelnd mustern die beiden Polizisten Catrina.

„Du?", fragt der eine. „Wie hast du das denn gemacht?"

„Äh, ich weiß auch nicht so recht", murmelt Catrina.
Wieder mischt sich der Mann mit dem Handy ein.
„Mit einem knallharten Foul, wie man es sonst nur
auf dem Fußballplatz sieht", erklärt er.

„Ein Foul von Catrina?" Mit gespielter Verwunde-
rung schüttelt Niko den Kopf. „Unmöglich."

Grinsend pflichtet Alex ihm bei. „Das muss eine Verwechslung sein. Unsere Catrina foult doch nicht."

Enes nickt und sagt ganz ernsthaft:

„Höchstens, wenn es mal ganz
doll nötig ist."

Norbert lacht. „So
wie eben", sagt er.
„Da war es nötig.
Aber hallo!"

Der Nörgelbruder einmal anders

Der eine Polizist schreibt Catrinas Namen und ihre Adresse auf. „Damit wir wissen, wo wir dich für die Zeugenaussage finden können", erklärt er.

„Respekt", sagt der andere Polizist bewundernd. „Das erleben wir nicht alle Tage, dass ein Mädchen wie du einen Dieb zur Strecke bringt."

„Das hat sie bei uns gelernt", sagt Niko und platzt fast vor Stolz. „Nämlich bei Blau-Gelb."

„Muss ein toller Verein sein, der solche Spieler hat", lobt der Polizist und nickt anerkennend.

Der Dieb dagegen mustert die Kinder böse.

Alex stößt Niko an und flüstert: „Der mag Blau-Gelb wahrscheinlich nicht so gern."

„Macht nichts", findet Niko. „Auf solche Fans können wir gut verzichten."

Die Polizisten nehmen den Handtaschenräuber mit auf die Wache. Aber damit ist die Aufregung vor dem Stadion noch längst nicht vorbei. Die Frau bedankt sich immer und immer wieder bei Catrina. Und auch die anderen Leute hören gar nicht auf, von ihrer Heldentat zu reden.

Catrina wird schon ganz verlegen. „Können wir denn jetzt endlich mal trainieren?", fragt sie.

Da schreit plötzlich jemand: „Catrina!" Jens kommt angerannt. Kaum hat er seine Schwester erreicht, macht er ihr auch schon Vorwürfe:

„Hey, warum hast du denn nicht auf mich gewartet?"

Also der hat's nötig! Ärgerlich erwidert Catrina: „Weil ich dann zu spät zum Training gekommen wäre."

„Und den Verbrecher hätte sie dann auch nicht fangen können", quäkt Enes dazwischen.

„Verbrecher?", fragt Jens erschrocken aus. „Du hast doch hoffentlich nichts Gefährliches gemacht?"

Sieh mal an, der Nörgelbruder macht sich echte Sorgen um seine Schwester.

„Ich hatte alles im Griff", versichert Catrina. „Ich bin doch kein Baby mehr."

Begegnung am Strafraum

Am Samstag steigt das Heimspiel gegen Allberg, eine Mannschaft ganz in Rot und Blau. Blau-Gelb ist drückend überlegen. Aber der Ball will einfach nicht reingehen. Wie oft hat Niko heute schon Latte oder Pfosten getroffen? Mindestens hundert Mal. Und Alex trainiert offenbar für den Wettbewerb, wer am knappsten vorbeischießen kann. Immer wieder hat er draufgehämmert und den Kasten um Millimeter verfehlt. Und bei Catrinas Super-Schuss? Da hat der Allberger Tormann leider eine Meisterleistung vollbracht. So steht es auch zu Beginn der zweiten Halbzeit immer noch null zu null.

In der ersten Hälfte war die Allberger Abwehr löchrig wie ein Schweizer Käse. Doch nun stehen die Gegner besser sortiert. Sie haben sich weit zurückgezogen und beschränken sich darauf, die Bälle rauszuhauen. Nach dem Motto „Hauptsache, nicht verlieren" wollen sie sich wohl ein Unentschieden ermauern.

Nichts da! Heute zählt nur ein Sieg! Auf geht's! Die Lücke finden und reinstechen. Jetzt vielleicht. Catrinas Flanke landet bei Alex. Und wenn der schnell weiterleitet …

Wieder ein Allberger dazwischen. Aber was macht der denn? Haut den Ball nicht einfach raus, sondern legt ihn gefühlvoll in den Lauf eines Mitspielers. Der wirft den Turbo an und düst los. Freie Bahn voraus, denn im Torschuss-Fieber sind alle Blau-Gelben weit aufgerückt.

Alle? Nein! Eine hat das Unheil geahnt und rauscht

heran. Catrina! An ihr kommt der Allberger nicht
vorbei. Das wäre doch gelacht!

Die Notbremse ziehen und den Gegner von den
Beinen holen? Aber ist das wirklich nötig? Oder
geht es auch anders?

Catrina stellt den Ausreißer kurz vor dem Strafraum. Der schlägt einen Haken und dribbelt vorbei. Ohne Ball, denn den hat Catrina ihm inzwischen vom Fuß gespitzelt. Ihr weiter Pass findet Niko und der steckt blitzschnell durch. Wieder hämmert Alex drauf. Wieder daneben, oder?

Fast. Doch sein Schuss trifft einen Allberger am Kopf. Die Kugel ändert ihre Bahn und zappelt dort, wo sie schon längst hingehört, im Netz des Gegners.

Bis zur nächsten Verbrecherjagd

Das Tor ist der Startschuss. Allberg muss aufmachen und Blau-Gelb hat Platz. Plötzlich kann Alex wieder richtig zielen und trifft noch einmal, diesmal ohne die Hilfe eines Gegners. Niko trägt sich gleich zweimal in die Liste der Torjäger ein. Nur der Schlusspfiff rettet die armen Allberger vor einer noch schlimmeren Klatsche. Endlich wieder ein Sieg! Die Blau-Gelben feiern ihn ausgelassen.

„Catrina, was war denn mit dir los?", fragt Niko übermütig.

„Wie? Was meinst du?"

„Deine gefürchtete Grätsche. Heute hast du sie kein einziges Mal rausgeholt."

Ehe Catrina etwas antworten kann, mischt Enes sich ein. „Weil sie die Grätsche aufheben muss", sagt er. „Nämlich für die nächste Verbrecherjagd."

Frauke Nahrgang hat als Grundschullehrerin unterrichtet, ist Autorin und leidenschaftlicher Fußballfan. Ideale Voraussetzungen also, um eine Fußballserie für Kinder zu schreiben. Die „Teufelskicker" sind eine echte Erfolgsgeschichte! Jetzt gibt es die Reihe auch für die jüngeren Fußballfans: „Teufelskicker Junior" – wie alles begann.

Eleonore Gerhaher, gebürtige Niederbayerin, hat in Essen und den USA, München und Südafrika studiert und gearbeitet. Sie illustriert nicht nur kickende Kinder, sondern auch Tiere und humorvolle Szenen für Kinder und Erwachsene. Seit 1991 lebt die Illustratorin mit ihrer Familie in Berlin.

Waldemar Bonsels; Frauke Nahrgang
Die Biene Maja
und ihre Abenteuer

ca. 96 Seiten, ISBN 978-3-570-22527-1

»Das Leben ist schön!«, jubelte sie und flog mitten hinein. Kaum ist die kleine Biene Maja geschlüpft, gibt's für sie kein Halten mehr: Im Bienenstock ist es ihr viel zu langweilig, Maja will hinaus und die große, weite Welt kennenlernen! So macht Maja bei ihrem Ausflug zunächst nicht nur Bekanntschaft mit dem netten Rosenkäfer Peppi und einem flippigen Grashüpfer, sondern muss auch prompt von Mistkäfer Kurt aus den Fängen der hinterhältigen Spinne Thekla befreit werden. Doch dann erfährt Maja von dem bösen Plan der Hornissen, ihren Bienenstock zu überfallen! Maja muss die anderen unbedingt warnen – und fliegt mitten hinein ins Abenteuer!

www.cbj-verlag.de

Annette Roeder

DIE KRUMPFLINGE

Egon zieht ein
96 Seiten,
ISBN 978-3-570-15858-6

Egon wird erwischt
96 Seiten,
ISBN 978-3-570-15859-3

Egon schwänzt die Schule
96 Seiten,
ISBN 978-3-570-17090-8

Egon taucht ab
ca. 96 Seiten,
ISBN 978-3-570-17123-3

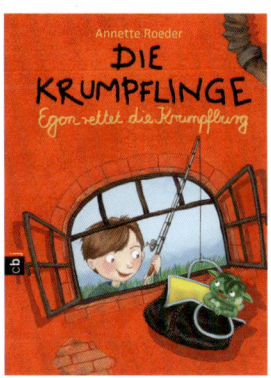

Egon rettet die Krumpfburg
ca. 96 Seiten,
ISBN 978-3-570-17262-9

Egon wird großer Bruder
ca. 80 Seiten,
ISBN 978-3-570-17284-1

8308_6

www.cbj-verlag.de